Udo Robert Riegger

Keine Angst vor großen Tieren

- politisch -

Bibliographische Information der Deutschen Nationalbibliothek:
Die Deutsche Nationalbibliothek verzeichnet diese Publikation in der Deutschen Nationalbibliografie; detaillierte bibliografische Daten sind im Internet über http://dnb.dnb.de abrufbar.

©2014 Udo Robert Riegger

Texte und Abbildungen dürfen nur mit schriftlicher Genehmigung des Autors zu kommerziellen Zwecken genutzt, vervielfältigt oder übersetzt werden.

Herstellung und Verlag
BoD – Books on Demand, Norderstedt

ISBN: 978-3-7357-7499-6

Der Autor:

„Das reale Leben hat die Satire längst schon überholt."

Sein Weg ist sein Ziel. Und als er sich darauf begab, war ihm das nicht bewusst. Udo Robert Riegger, Jahrgang 1958, seine Interessen und Vielseitigkeit brachten ihn beruflich zum Maschinenbaumeister, Elektrotechniker, Betriebswirt, Ergotherapeuten und in die freiberufliche Gesundheitsberatung und privat u.a. bis ans Ende (nein, eigentlich bis an den Anfang) dieser Welt. Beruflich wie privat kreuzen Menschen aller Couleur seinen Weg und hinterlassen Eindrücke, die ihn zu menschlichen, politischen und tierischen Texten inspirieren.

„Ich schreibe, weil es mir Spaß macht und etwas in meinem Inneren mich dazu auffordert. Formulierungen über Zusammenhänge, Begebenheiten, Erfahrungen oder Empfindungen entwickeln sich in mir und machen einfach Laune. Insbesondere, wenn die Muse mich völlig überraschend küsst. Das kann am helllichten Tage oder in tiefschwarzer Nacht sein. Nicht selten lese ich dann erstaunt das, was sich vor mir auf dem Papier zusammen gefunden hat. Jedes Mal aber löst es eine innere Zufriedenheit aus und das sichere Gefühl, dass es richtig ist."

Keine Angst vor großen Tieren

- politisch -

Unsere absurde Politik-Wirklichkeit
bekommt ein Gesicht

in
- politisch -
von

Udo Robert Riegger

**Das Lachen als Muntermacher –
　　　Das Nachdenken als Mutmacher**

Widmung

Für die Lebensfreude

Inhalt

	Seite
Macht	8
Politiker´s Pension	16
Hühnerleiter	22
Verwalter	26
Alle wissen es	32
Es ist vorbei	37
schlaf, schlaf, schlaf	45
Parteienkürzelscharmützel	49
Lasst sie uns rufen	73
Und jetzt	78
Eitelkeit und Frech- und Feigheit	77
Für Dich	93

Macht

Ein Mensch

der wollte mächtig sein

doch

fiel ihm dazu nicht viel ein

so setzt er sich

am Straßenrand nieder

beobachtend

über seine Glieder

die Menschen

die vorübergehen nur

gezogen wie an einer Schnur

er schaut sie aus

um zu erfahren

wo liegen die Gefahren drin

die geldlich auszunutzen sind

so schaut er zu

gewinnt an Ruh´

die Sonnenwärme ihn umhüllt

bis da

die eine Mutter brüllt

ihr Kind

es solle dies und das nicht tun

es würde dadurch doch nur krank

ihr

schuldet er nun Dank

der Krankheit

will er sich bedienen

mit ihr

da ist er ziemlich sicher

lässt sich schnell und viel verdienen

er schwingt sich auf behände

leicht wie nie

sein Weg führt in die Pharmazie

dort lernt er hitzig in Labores-Stille

was ausgeh´n kann

von Spritze und von Pille

schnell wird ihm doch bewusst

bekannte Krankheiten

führen nicht

zu seiner Vorstellung

von vergoldetem Genuss

für ihn ist klar

die Menschen

müssen kränker werden

so forscht er lieber

nach Möglichkeiten

erfundener Beschwerden

er sucht und findet

Unterstützung bei Politikern

die ebenfalls

noch mächtiger wären gern

und entgegen allen Kritikern

nur Wachstum noch vergöttern

fortan ein neu

Gedankengut entsteht

das mehr und mehr

über der ganzen Menschheit schwelt

Politik und Wirtschaft ist´s egal

wie viele Menschenleben

sie entseelen

für ihre Vertreter

nur die Zahlen

auf ihren Konten zählen

und im richtigen Leben
ahnt noch keiner
weil
niemand den Gedanken wähnt
dass
die allgemeine Gesundheit
bereits schon angezählt

und dann
mit Grausamkeit berauscht
urplötzlich
aus dem Nichts heraus
wird die Gesundheit
befallen
von Menschen und Tieren
durch unbekannte Bakterien und Viren

egal

auf welchem Kontinent

und Land

wird panikartig rumgerannt

wenn plötzlich auftritt

solche Qual und Pein

weil niemand

die Entstehung kennt

und niemand

ihren Namen nennt

doch

kommen erste Tode vor

denkt jener Mensch

der wollte mächtig sein

- wie fein -

sich jetzt schon sicher wähnend

mit Gewissheit

noch reicher und reicher werdend

lässt er sich Zeit

um schließlich

wichtig und kompetent

die rettende Lösung vorzuschlagen

aus seinem Sortiment

so steuert er

neben seinem Steuerbescheid

nun auch die Freude und das Leid

es wurde aus einem

Straßenrandsitzer

ein gewissenloser

Lebensformschnitzer

doch am Ende

steht *er*

vor der wirklichen Macht

die nicht bewertet

wie viel Geld du hast gemacht

vor der es sinnlos ist

zu erklären

warum sich hingegeben

der Geldgier-Macht

mit der er

Leben hat kaputt gemacht

mächtig

wird es ihn dann treffen

er wird sich wünschen

- hätt´ er lieber weiter

in der Gosse gesessen -

***

Politiker´s Pension

Von den Fünfen

klein Philipp fragt mit Heiterkeit

was ist denn eigentlich

Gerechtigkeit

wo hat er das denn bloß gehört

sein Vater findet´s unerhört

er selbst ist längst schon in Pension

hat keine Lust auf solche Diskussion

mit 44 erst

in Ruhestand gegangen

hatte sich

was Psychisches eingefangen

tagaus tagein

diese Politik

brach ihm früh schon
das Genick
und
als Beamter hoch bezahlt
mit gaaanz viel Druck
wollte er freiwillig
ein Ende setzen
diesem Spuk

umsorgt
mit Therapien ohne Ende
in einer Luxus-Pflege-Vollversion
erhielt er dann
als bitterer Abschluss
die Papiere
für seine Pension

nach kurzer Zeit doch

er bemerkt

die Krankheit

hat sich umgekehrt

mit viel Geld versorgt

und guten Dingen

reist er auf die Philippinen

der Genuss des Lebens

ohne Geiz

führt ihn

danach noch

in die Schweiz

dort fühlt er sich

so richtig fit

dass er sogar

in neue Arbeit tritt

und nimmt
zu Deutschlands Euros
für ´nen Kranken
noch die guten Schweizer Franken

er weiß
das hier ist ungerecht und illegal
doch
kann das Leben schöner sein
ihm ist´s egal

so pendelt er
von Nord nach Ost
von West nach Süd
fühlt sich immer wohler
als zu müd
kann sich alles leisten
kunterbunt
und so manchen schönen Mund

bekommt nach einem Jahr dann Post

der Brief ihn wundert´s

kommt aus Fernost

doch langsam

dämmert´s ihm im Geiste

als er damals in den Osten reiste

seine Lenden nicht mehr lahm

er sich viel zu junge Asiatinnen nahm

die ihn manch Unvorsichtigkeiten lehrten

und ihm jetzt Zwillinge

und Drillinge gebärten

aus seinen Gedanken

nun herausgerissen

denn

klein Philipp möchte wissen

und fragt jetzt mit Schreien

wild reitend

auf seinem Schaukel-Rösselein

haltend in der Rechten
einen rot-schwarz-farbenen Frosch
- natürlich keinen echten -
und in der Linken
ein gelb-grün-farbenes Entelein

bohrt seinen Blick
aus hochrotem Kopf
mit großen Kulleraugen
fest in beide tief hinein
schreit nun schriller werdend beide an
ohne unbeschwerte Heiterkeit
- ich will wissen was ist
Gerechtigkeit -

nun liebe Leser
im realen Leben
denken Sie
das könnt´
was Psychisches geben?

***

Hühnerleiter

Ein Politiker

vom Leben sehr zerschlissen

sprach enttäuscht

und gar nicht heiter

vom Leben

wie von einer Hühnerleiter

die von oben bis unten ist beschissen

was war da los

was ist passiert

für Politiker

läuft doch alles wie geschmiert

und doch

wollen Sie das wirklich wissen

der Arme

hatte ein Gewissen

es war ihm unerträglich
alle Tage
im Bundestag zu sitzen
ohne Aufgabe
sich zu beherrschen
nicht einzuschlafen
dabei wichtig zu tun
und respektlos rumzugaffen

bei seinen üppigen Diäten
und Vergünstigungen
wurd ihm schlecht
beim Gedanken
an die Hartz4 Niederungen

er dachte an jene Bürger
die tagaus tagein malochen
Stund um Stund
um dann doch noch aufzustocken

die Leiharbeiter in den Firmen

erschienen ihm als Sklaven

die ihn des Nachts

nicht mehr ließen schlafen

im Traum

da sah er Politiker

mit Bossen

der Leiharbeiteragenturen

wie sie sich vergnügten

in den Freudenhäusern

mit den Huren

es ging nicht lang

da wurde er krank

es ging ihm wirklich schlecht

und wenn Sie nun Mitgefühl haben

mit diesem eigentlich so tollen Hecht

will ich ihnen jetzt verraten

was passiert

mit solch´ einzigartigen

Politiker-Ausgaben

zunächst

beruhigen Sie sich

in ihrer Entrüstung

und ihrem Mitleid

denken Sie an ihr Herz

und

es tut mir leid

es war

natürlich

nur ein Scherz

***

Verwalter

Es war einmal

ein Verwalterlein

der kam

durch eine Wahl

beruflich

in eine Großfamilie rein

für kleines Geld dort angestellt

dass

Familienmitglieder

sind mehr freigestellt

um sich um sich zu kümmern

und die Kinder

und um lästigen Verwaltungskram

zu lindern

zunächst
sind alle sehr zufrieden
weil Familienmitglieder
jetzt mehr dazuverdienen
und durch das plötzlich Mehrgehalt
wird nun ein Verwaltungshelfer mitbezahlt

so geht´s jahraus jahrein
vom Frühling in den Winter rein
und der Verwaltungshelfer
stellt für sich bald
einen Helfer ein

die Familie
mit den Jahren
immer größer wird
den Überblick
dies noch erschwert

so wundert´s

eines Tags die Frau

und auch den Mann

wie es nur sein kann

dass

obwohl die Familie

sich lang schon drastisch

im Verbrauch doch reduziert

ihr Einkommen

sich keinesfalls minimiert

ihr Kontostand

sich *natürlich* bewegt

aber

kontinuierlich

nur nach unten geht

eines Abends
mit sinnlichem Sinn
geben sich beide
einem guten Tropfen hin
sie schwelgen in vergangenen Tagen
stellen Lebensentscheidungen in Frage
und kommen doch
zu guter Letzt und Schluss
überein
mit mehr als einem innigen Kuss

danach
entspannt zufrieden
können beide wieder lachen
gut gelaunt sagt er dann zu ihr
- so wie der Verwalter müsst man´s machen
er kam mit nichts
und lässt heute für sich schaffen -

nur eine winzig
kurze Weile
dauert diese Ruh´
als beide sich starr ansehen
im Nu

es war ein dunkler
finsterer Wintertag
ein eisig kalter
als sie gemeinsam entließen
die Helfer samt Verwalter

die Aufgaben verteilt
auf die Familie nun
kehrt für alle
der Wohlstand zurück
und keiner hat zuviel zu tun

und die Moral von der Geschicht

schau den Politikern

nicht ins Gesicht

schau ihnen

auf ihre Finger

wo sie sie reinstecken

die gemästeten Dinger

wie sie verwalten

dein schwer verdientes Geld

mein Alter

und dir wird klar und klarer

wir haben viel zu viele

Mitverwalter

***

Alle wissen es

Die Politiker
ab den dritten vierten Reihen
bei allen Farben der Parteien
wissen zur Genüge schon
es muss vorbei sein
mit politischem Hohn
der da weitergegeben
schallt und hallt
durch die kleinen Parteispitzen
mit ihrem verbissenen Machterhalt

wir wissen um sie
um die echten Demokraten
in den Parteien
den Vielen
die genug haben von den Mauscheleien

jene

die wollen echte Politik betreiben

und nicht im Stillstand

sich gegeneinander aufreiben

wir wissen

wir können vertrauen

auf die Vielen

in den politischen Massen

die zum **Volkes-Wohle** gerne

Veränderungen würden zulassen

erinnern wir uns zusammen

der Gründerväter ehrlicher Ideen

jener die Deutschland

als *soziale* Marktwirtschaft gesehen

geben wir

unserem gemeinsamen Stolz

unserer gemeinsamen Ehr´

eine Chance

und setzen uns

gegen die wenigen Korrupten

zur Wehr

lasst zusammen treffen

Mut und Intelligenz

um unser Land zu regieren

mit Anstand, Respekt

und Bürgerpräsenz

das Volk

mit Mitsprache bedacht

und nicht als notwendiges Übel

von oben her verlacht

frag die Menschen
und du erfährst
auch an den Orten
mit schwerlicher Entbehrlichkeit
dass
mehr als die Mehrheit
schon lange bereit
für ein friedliches Miteinander
in *nächster* Zeit

denn anders
als die wenigen der Parteienspitzen
in ihrer selbstherrlichen Erhabenheit
wIssen die Menschen im Lande
schon längst
um die Notwendigkeit
der *Ausgeglichenheit*

und

sie wissen auch

wenn

ein Kanzler

sich kann stellen

gegen

geltendes Recht und Gesetz

können

Viele

auch ändern

das Grundgesetz

***

Es ist vorbei

Der Parteienstaat

wurde kreiert

in einer Zeit

aus der man dem Deutschen Volk

nur schwer

etwas verzeiht

- es ist vorbei -

unheimlich und böse

erschien das Deutsche Volk

übergrell

die Angst vorm Deutschen

war generell

- es ist vorbei -

Befreierstaaten

die als Vormund agierten

mussten etwas initiieren

so entschieden sie

das Deutsche Volk

zu demokratisieren

- es ist vorbei -

die Schuld und Bürde

aus diesen Tagen

hat das Deutsche Volk

schon lange abgetragen

- es ist vorbei -

es hat gelernt

sich weiterentwickelt

so ist das heutige Gedankengut

nicht mehr

in braunes Papier gewickelt

-es ist vorbei -

und überhaupt
hatte das Deutsche Volk
schon früh
demokratisches Geschick
denn nicht durch
Volkes Willen
scheiterte
die Weimarer Republik

es waren die Parteien
die ihr brachen das Genick
durch Sturheit
Selbstsucht
und Ignoranz
ermöglichten
sie
hernach
den Nazi Tanz
- es ist vorbei -

und sei´s drum
selbst eine heute regierende Partei
zog sich leise zurück
in verräterische Unbefangenheit
um ohne Gegenwehr zu gewähren
einem Diktator freies Geleit

- es ist vorbei -

lange schon
ist auch durchschaut
was unter
Repräsentativer Demokratie
wurde aufgebaut
von Parteien
die nach Weltkriegsende
durch heuchlerische Zugaben
das Volk verantwortlich gemacht
für ihr eigenes Versagen

- es ist vorbei -

Sozialismus

Kommunismus

Diktaturen

oder sonstige

unfreie Kulturen

erhalten kein Gehör

in Deutschlands multikulti Ohren

- es ist vorbei -

das Deutsche Volk

hat Erfahrung genug

und sieht die Welt von heute

vereinnahmt

von gieriger politischer Meute

die

wie in einst vergangenen Epochen

zusammen mit wirtschaftlichen Interessen

ihr eigenes Süppelein wollen kochen

doch

den Volksverdummern

sei gesagt

die Volksverdummung

kann verstummen

- es ist vorbei -

das Deutsche Volk

weiß auch nur zu gut

wer sich durchsetzen will mit Kriege

führt ad absurdum seine Siege

- es ist vorbei -

das Deutsche Volk

ist schon lange mündig

es wird Zeit

dass

es seinem Vormund kündigt

um die Früchte seiner Ernte

selbst einzubringen

und nicht

irgendwelchen Vertretern

unwürdig

das Nötigste abzuringen

- es ist vorbei -

das Deutsche Volk

ist viel weiter entwickelt

als sein politisches Betreuersystem

und dessen

demokratisch fraglich legitimer

Creme de la Creme

- es ist vorbei -

sieh´ auch du es ein

Vertreter der Partei

- es ist vorbei -

ganz sicher aber

ist nicht vorbei

dass

im Deutschen Volk

mehr

intelligentes Potenzial haftet

als das

die Repräsentative Demokratie

in Zukunft

verkraftet

***

schlaf, schlaf, schlaf

(Deutschland Hymne, dann Übergang ab schlaf, schlaf, schlaf
in Melodie: < Love Is All You Need > von den Beatles)

Einigkeit und Recht und Freiheit
für das Deutsche Vaterland

schlaf, schlaf, schlaf
schlaf, schlaf, schlaf
bla, bla, bla, bla, bla, bla, bla, bla
es gibt nichts was ihr richtig hinkriegt außer Streit
es gibt nichts was ihr richtig hinkriegt außer Krieg
es gibt nichts was ihr richtig hinkriegt außer
Armut und sozialer Ausgrenzung
das wird sich ändern

es gibt nichts was ihr richtig hinkriegt außer
gieriger Macht
es gibt nichts was ihr richtig hinkriegt außer
eigener Bereicherung
es gibt nichts was ihr richtig hinkriegt außer
Lobbyismus und Vetternwirtschaft
das wird sich ändern

alles was wir brauchen ist Verstand
alles was wir brauchen ist Courage
alles was wir brauchen ist Intelligenz, eine Vision
eine Vision für die Zukunft

schlaf, schlaf, schlaf
schlaf, schlaf, schlaf
bla, bla, bla, bla, bla, bla, bla
alles was wir brauchen ist Verstand
alles was wir brauchen ist Mut
alles was wir brauchen ist Intelligenz, eine Vision
eine Vision für die Zukunft

es gibt nichts was ihr richtig hinkriegt außer Frust
es gibt nichts was ihr richtig hinkriegt außer Angst
es gibt nichts was ihr richtig hinkriegt außer
Verschwendung und Hoffnungslosigkeit
das wird sich ändern

alles was wir brauchen ist Gerechtigkeit
alles was wir brauchen ist Ausgleich
alles was wir brauchen ist Zusammenhalt
hier und jetzt
eine Gemeinschaft für alle

alles was wir brauchen ist Verstand
alles was wir brauchen ist Courage
alles was wir brauchen ist Intelligenz, eine Vision
eine Vision für die Zukunft
ohne diese Art von Politiker
eine Vision für die Zukunft
eine Direkte Demokratie
lasst sie uns ändern
ohne diese Art von Politiker
eine Direkte Demokratie
ohne diese Art von Politiker
eine Vision für die Zukunft
lasst sie uns ändern
ohne diese Art von Politiker
eine Direkte Demokratie

ohne diese Art von Politiker
eine Vision für die Zukunft
ohne diese Art von Politiker
eine Vision für die Zukunft
lasst sie uns ändern
ohne diese Art von Politiker
eine Direkte Demokratie
ohne diese Art von Politiker
eine Vision für die Zukunft

lasst sie uns ändern
ohne diese Art von Politiker
eine Direkte Demokratie
ohne diese Art von Politiker
eine Direkte Demokratie
eine Direkte Demokratie
eine Direkte Demokratie
eine Direkte Demokratie
eine Direkte Demokratie

***

Parteienkürzelscharmützel

In Zeiten höchster Kreativität

suchten die Parteien

nach

Partei-Identität

sie beauftragten

für Steuer-Euros der Millionen

die Gescheitesten

aus allen wissenschaftlich

hochrangigen Regionen

um

von ihnen kurz und prägnant

mit einem Kürzel

benannt zu werden

was sie einzigartig macht

und ihre Gefährten

nach und nach
gab es viele Rezepturen
die erschreckendes aussagten
über der Auftraggeber
politisch und menschlicher
Kulturen

es kam heraus der Charakter
einer jeden Partei
jedes kleinste Detail ihrer Innerei

trotz der Einbindung
von nicht geplanten Parametern
in verschiedenen Etagen
lagen die Ergebnisse deutlicher
als deutlich vor nach Tagen
aber
wie es den Auftraggebern nur sagen

die Gescheitesten

hatten wirklich

alles herausgefunden

doch wussten sie auch

bei ihrer Seele

das alles

durften sie so niemals bekunden

hilflos

mit großer Angst

gezwungenermaßen

und zweifelhaften Vertrauen

gingen die Gescheitesten

zu den Schlauen und

Oberschlauen

sie

wollten sie fragen nun

um Rat

und hofften

dass sie

ihnen heraushelfen könnten

aus dem Salat

die Schlauen und Oberschlauen

wundern sich fortan

wie viel Arbeit

sich die Gescheitesten

hier getan

und über das viele

viele Steuergeld

das

für etwas bezahlt werden musste

das doch jeder

mit normalen
Menschenverstand
bereits schon wußte

natürlich nicht
in dieser Deutlichkeit
und im Detail so massiv

aber
schon immer erfassbar
mit menschlichem Gespür
oder rein instinktiv

die Gescheitesten
die ihre Erkenntnisse
fast um den Verstand brachten
wurden ein wenig lockerer
als die Schlauen und Oberschlauen
nur lauthals darüber lachten

ein Oberschlauer

griff sich eine Studie der Gescheitesten

und las die Essenz der Ergebnisseiten

Freiheit der Perversionen

lachte er laut und sagte

hierzu

braucht es Menschen mit

liberal surrealen Visionen

die gerne hochnäsig gehen

zum Bankett mit einem Bankier

sich üppig bedienen an jedem freien Buffet

nehmt das Kürzel

FDP

da trat ein anderer Schlauer an den Tisch

er hatte sich vorab genommen

einen Wisch

und nahm Bezug

zu seinem Vorredner nun

und sagte

diese hier

mit diesem Ergebnis

den FDPlern

gleich es tun

doch

ihre Ansprüche

sich um ein Vielfältiges potenzieren

weil *sie*

ein großes Bundesland
bereits regieren

sie

verstecken kaum noch
ihre Eitelkeiten
sind sich bewusst
sie brauchen ihre Macht nicht
zu verteidigen
lassen Ehre und Stolz deshalb
auch nicht vereidigen

beschreiben sich selbst
und ihr Verhalten
überzeugt als christlich
verdrängen aber

was ein jeder merkt

dass

ihr wirkliches Verhalten ist

Gott verdrießlich

und

weil sie es selbst auch wissen

aber sich so auf Gottlob

haben eingelogen

kommt dieser als Christus

oft vorbeigeflogen

doch

um zu entgehen

einem echten christlichen Kontrakt

haben sie vorgesorgt

mit einem Alarmkontakt

der da lauthals jedem

von ihnen von den Lippen geht

Achtung

Christus Sucht uns

Achtung

ist der Versuch

dieses christlichen Besuchs

dann vorbei

sind alle nassgeschwitzt mit viel Geruch

und mit feigen Herzen schwer wie Blei

rufen sie sich händchenhaltend zitternd herbei

schnaufen aus mit einem lauten

Puuuh

nehmt hier das Kürzel

CSU

ein Oberschlauer
der Oberschlauen
tritt an den Rand
streckt hoch
das Papier in seiner Hand
und sagt
diese Ergebnisseiten
von den Gescheitesten
können schlimme Übelkeit bereiten
denn hier
hat sich im Kleinen wie im Großen
eine kollektive
Metamorphose vollzogen

vor mehr als
hundertfünfzig Jahren
fingen stark sie an zu kämpfen

glaubhaft

damals noch

für jeden aufrichtig

und stolzen Menschen

sie traten entgegen

unternehmerischen Ungerechtigkeiten

waren sich nie zu schade

für soziale Streitigkeiten

standen hinter der Arbeiterschaft

verteidigte sie

gegen alle Machenschaft

schrieb sich dick und fett

ins Parteibüchlein

auf immer und ewig

für das Wohl

der Bürger und Bürgerinnen

verantwortlich zu sein

für soziale Gerechtigkeit

zu sorgen

Geld

für allgemeine Schulden

sich nicht nur

beim „Kleinen Mann"

zu besorgen

Arbeitskraft

gerecht zu entlohnen

und keine Aktionäre

für ihr Nichtstun zu belohnen

unsere Kinder

durch Gesetze schützen

und nicht die Gesetze

für Kriminelle

und

gegen das Volk

zu benützen

Volkes Werte und Güter

zu pflegen und zu hüten

sie

nicht veräußern

oder gar sich selbst

damit vergüten

einzustehen für Menschlichkeit

und friedensstiftende

gerechte Ausgeglichenheit

der Oberschlauste
hörte plötzlich auf zu reden
nicht nur
allen Schlauen ward es schlecht
auch die Gescheitesten
waren trotz
bereits bekanntem Wissen
erneut in sich zerrissen
der Oberschlauste
legte das Papier aus der Hand
auf dem
Sozial perfides Deutschland
stand
ein kollektives Seufzen durchströmte
den stickig gewordenen Raum
oje-oje-ojemine
das Kürzel hier ist
SPD

den Gescheitesten und den Schlauen
die sich in der Vergangenheit
nie durchgerungen sich zu vertrauen
war mit einem Male klar
wie egal das Volk
den Parteien war
es war nicht klar zu definieren
das Gefühl
das jeden jetzt beschlich
aber ohne sich zu genieren
fragten sie sich
in nicht gekannter Verbundenheit
wäre es jetzt tatsächlich
nicht für etwas Neues Zeit

denn
was zählt
für Menschen
welche wollen an die Macht

ist nur heraus zu kriegen
wenn sie es geschafft
in diesem letzten Fall
der Untersuchungen
flossen viele Aspekte ein
von Versuchungen

glaubt man
es ginge um Ansehen
oder
glaubt man
es ginge um Bestehen
oder
glaubt man
es ginge um Ehre
oder
glaubt man
es ginge um
das Abwenden einer Misere

oder

glaubt man

es ginge um Verdienste

oder

glaubt man

es ginge nur ums Allerfeinste

oder

glaubt man

es wolle jemand sein ein Held

alles falsch

alles Blödsinn

es geht nur ums Geld

man will an das Geld der Masse

Steuergelder sind einfach klasse

hat man hier erstmal

die Hand mit am Hebel

verlieren alle

Familie

Freunde

Bekannte

und natürlich man selbst

alle finanziellen Knebel

und mit der Kontrolle

über unser aller Geld

fängt von denen

manch einer an zu glauben

er oder sie wär *jetzt* ein Held

keiner

macht jetzt einen Fehler

jeder wird zum hechelnden

Komfortzone-Hehler

drum wird gebuckelt

gekrochen und geschleimt

sich selbst und andere verraten

Hauptsache man ist bei der nächsten

Diätenerhöhung wieder mit dabei

am fetten Braten

ob unten oder oben in

dieser Partei

das Credo

das jeder versteht

lautet da

wir wissen nicht

wie wo was geht

drum Lobbyisten

und Berater

herbei herbei

wir

bezahlen euch

gemäß Feudalerei

und geht es auch schief

was ihr uns empfohlen

ängstigt euch nicht

nicht ihr oder wir

nur das dämliche Volk

das uns als Vertreter wählt

sitzt auf heißen Kohlen

so lassen sie zu

die von uns gewählten

devoten Möchtegern Despoten

dass

unser Land nicht regiert wird

zum Volkes Wohle

und in zukünftig friedliche Bahnen

sondern diktiert wird

von machtbesessenen

geldgierigen Opportunisten

und asozialen Egomanen

der Oberschlaue jetzt hoch interessiert

schlägt auf die letzte Seite in aller Eile

und liest

Hauptbestandteile sind

bei Bürger und bei Bürgerinnen

die Macht und Geld ersinnen

als ihre Berufung

Chromosome der Unterwerfung

mit diesen Veranlagungen

vermitteln sie in allen Belangen

eine trügerische Ruh´

nehmt hier das Kürzel

CDU

eine beklemmende Stille

legte sich nieder

im ganzen Raum

reihum

standen sie nun

die Gescheitesten und Schlauen

und alle wirkten

wie vor den Kopf gehauen

denn jeder wusste

für sich im Stillen

all das hier

wird immer sein

gegen

des Volkes Wille

doch

die Resultate und Ergebnisse

mussten

und kamen

zu den Parteienspitzen

diese verordneten rasend schnell

für alle Eingeweiden

Vergessenheitsspritzen

und das Vernichten der

wissenschaftlichen Expertisen

normten

den Inhalt ihrer Kürzel um

und hielten weiterhin

das Volk

für dumm

***

Lasst sie uns rufen

Parteien Parteien Parteien Parteien
mittlerweile
sind sie doch nur noch zum Schreien
machen wir uns doch nichts vor
längst ist uns allen klar
dass sie nur noch repräsentieren
was einmal war

egal
welche Partei wir wählen
jede hat ihre Lügenbarone
die uns quälen
nicht lange braucht es
in eine Partei hineinzuschauen
es reicht ein Zwinkern
um zu erkennen
dass

sie alle

zusammen Brauen

und zusammen Winzern

zunächst

für sich den edelsten Wein

und für uns

das Volk

darf´s gerne

ein stilles Wässerlein sein

für sich

ihre Lobbyisten

und ihre Freunde

nur die feinste Gaumenfreude

und für uns

das Volk

in ihren Augen

sowieso nur die Chuzpe

reicht völlig aus

die Tobinambursuppe

doch

beobachten wir schärfer

die Parteien-Tiefe

gibt es dort viele Parteimitglieder

die überdrüssig

diesem Stall-Gemiefe

es gibt sie in der Menge noch

die ehrlichen Politiker

die nicht verdienen

den allgemeinen Spott

der Kritiker

doch menschlich
verständlich zu schwach
können sie sich nicht erwehren
dem Sog der Wenigen
die sie parteiintern
mit Blei beschweren

so gleiten sie ab
die wahren Demokraten
hinunter in den Schlick
Eitler und Bürgerlichen
die im Geiste sich gar halten
vermeintlich als Aristokraten

begleitet
von menschlichen Schwächen
wie Bequemlichkeit
und verführt durch
finanzielle Sicherheit

all dies und vieles mehr

lässt sie verschwinden

tief im Parteien-Krater

wo sie doch

könnten und müssten sein

die so notwendigen

und wichtigen Berater

die ihr Land und ihre Leute

könnten und müssten schützen

vor machtgefräßiger Meute

kommt Leute

lasst sie uns rufen

aus den unwirklichen Tiefen

jetzt und Heute

***

Und jetzt?

Die Weimarer Republik

kommt zu Besuch

Eitelkeiten und Trägheiten

werden ihr zum Fluch

ein kleiner Spinner

nimmt auf den Geruch

gefördert schon damals

von politisch-wirtschaftlichem Ruch

Adenauer

geht erstmal in die Rosenzucht

vertritt als Gaullist hernach

die rechte Regierungssucht

und bis zum Schluss

er nicht

nach *wirklicher* Vergebung sucht

Erhard

vertraut der Wirtschaftskraft

muss jedoch lernen

dass

diese

sehr sehr launenhaft

Kiesinger

zum Partei-Vermittler es nur schafft

weil NSDAP und die 68er ihn lähmen

in seiner Persilschein-Kluft

Brandt

schafft neue Wege

ernsthafter Demokratie

nimmt sich nicht wichtiger

gibt Versöhnungsgarantie

hat des Volkes Wohle

doch ehrlich im Sinne

hält der Menschen Vertrauen inne

doch üble Politiker

stoßen ihn von der Zinne

Schmidt

verfällt der Verwaltungsideologie

schafft einen Verwaltungsapparat

wie nie

dessen Kosten

dem Land heut´ brechen die Knie

Kohl

als Ziehsohn der Pharmazie

kennt nur *sich* und *die*

lässt außen vor

die Demokratie

verschafft
in seiner Machtsucht
und Selbstverherrlichung
den Kriminellen festeren Untergrund
tritt
Moral
Anstand
und Respekt mit Füßen
und lebt vor
dass
Gesetze
keine Wirkung haben müssen

Schröder
der Harz als Vorbild
hat genommen
der im Rotlichtmilieu
so herzlich wie nirgendwo ist willkommen

und Schröder

vom Bosse-Leben ganz benommen

hat bis heute noch nicht wahrgenommen

dass

seine Politik am Volke

völlig vorbei geschwommen

dass

die Gesetze

die unter ihm erlassen

mehr noch

die Menschenunwürdigkeiten

haben zugelassen

Merkel

hinterher

den Ackermann vergöttert

damals schon einer

der schlimmsten

und internationalen Krisenauslöser

bezahlt
dessen private Geburtstags-Fete
lächelnd
mit Steuergelder
und lädt ihn auch sonst
als Berater ein
in ihre heiligen Gemächer
blind
in ihren Eitelkeiten
weil *sie* die erste Kanzlerin
gibt sie sich
- nein, nein nicht dem Ackermann –
aber
dem Wachstum-Mammon-Denken hin
durchschaut nicht
die Finanzierungsstrategien und deren Lügen
wird zum Spielball
in den Ackermann-Bänker-Ligen

und als nächster
politisch absurder Entschluss
kommt gemessen am ganzen Lande
eine Minderheit
der SPD-Parteitagsbeschluss
und sagt
was gemacht werden muss
und was gemacht wird
unterscheidet sich nicht vom alten Stuss

doch sogar
der Parteien-Blinde Optimist
wenn er auch weiterhin
in falscher Demut
seine rosarot-politisch Fahne hisst
ist sich wirklich nicht mehr sicher
ob es ihm reicht für seine Hoffnung

am Ende eines Tages

dass

eine Nahles verkündet Banales

und ein Gabriel sich zu den Bossen zählt

nun zeigt sich doch deutlich

dass

weder Parteien noch Große Koalitionen

dem Lobbyismus können entgegensetzen

ernstzunehmende Aktionen

die devoten Systeme der Politiker

von Volksverrat nur noch so triefen

sind an

Charakter- Hilfs- und Machtlosigkeit

nicht mehr zu überbieten

die Politikfrequenzen
tendieren
zu immer niedrigeren
Demokratiesequenzen
weil die Verantwortlichen
ihre Teilnahme
für des Volkes Wohle
einfach schwänzen

geht das nun *so* lang
bis das Land nicht mehr kann

Bürger und Bürgerinnen
könnt ihr oder wollt ihr nicht verstehen
wir sind jetzt dran
wir müssen
die Realität der Dinge sehen

***

Eitelkeit und Frech- und Feigheit

Einigkeit und Recht und Freiheit
für das Deutsche Vaterland

was nutzt dir deine Freiheit
mit Willkür-Recht und schwindender Einheit
bestimmt durch Volkesbürgen
die ihresgleichen würgen
und würgen ab das gleiche Recht für alle
damit sie glänzen in der Ruhmeshalle

deutsches multikulti Volk besinne dich
lass deine Kinder nicht im Stich

und du
du Deutschlands Jugend streife ab
was deinen Ahnen angehabt
nimm deine Schwestern und Brüder bei der Hand
designe dir ein neues Land

du Jugend
mit multikultureller Eigenschaft
nutze deine Frische
schöpfe aus dem Vollen deiner Geisteskraft
denn wenn du es nicht schaffst
dein Land zu verändern
dann wird dieses große Schiff bald kentern

nimm zum Vorbild nicht diese Politik
bei der sich Lobbyisten bekronen
und ihre Mitläufer belohnen
besinne dich und schaffe ab
was Deutschlands Volk
un-unabhängig macht

korrupte Gelder aus dummer Gier
stellen allzu oft die falsche Weiche
verändere die Politik und du wirst sehen
es gibt auch intelligente Reiche

Menschen verändern sich an vieler Orte

doch Politiker der alten Sorte

wollen nicht hören deren Worte

verbreiten selbst nur

Phrasen, Phrasen über Phrasen

um neben ihren Diäten

noch mehr abzugrasen

viele nennen sich Christen

und lesen statt der Bibel

Stund um Stund, jahraus und jahrein

wie die Primitivsten

als Lektüreklein

nur das eigene Parteibüchlein

und das der Lobbyisten

E i t e l k e i t und F r e c h - und F e i g h e i t

hat das Deutsche Volk nicht verdient

Einigkeit und Recht und Freiheit
sind des Glückes Unterpfand

für die Demokratie der Repräsentativen
gibt es genug gute Alternativen

Parteispitzen
wie wir sie kennen
kümmern sich nur um ihre Macht
ihre Verantwortung für Menschen
sie nicht kennen
weil Soziales und Gerechtes
wird lange schon nicht mehr gemacht

stoppt das Wählen nach Parteien-Quoten
nehmt das Land aus den Händen von
selbstsüchtigen Devoten

entsagt den Wahlen
was wollen sie denn machen
zwingt sie in die Knie
bis zur Direkten Demokratie

Bürger und Bürgerinnen
mit gesundem Menschenverstand
vereinigt die Klugheit aus jedem Land
bildet Gremien
setzt frei
die Intelligenz der Stille
nährt des Volkes Freier Wille
bündelt Menschlichkeit und Wissen
wählt euch frei
und nur nach dem Gewissen

frei heraus ist
„Glückauf" zu sagen
wenn

jugendliche Innovation

und

finanzpolitische Kooperation

gepaart

mit Weisheit aus gerechten Tagen

ein Volk - ein Land

zu Wohlstand

und Zufriedenheit

wird tragen

danach

lasst uns alle streben

brüderlich und schwesterlich

mit Herz und Hand

Blüh im Glanze dieses Glückes

blühe

europäisch Deutsches Vaterland

***

Liebe Leserin
Lieber Leser

Für Dich

Bist du verzagt an manchen Tagen
findest keine Antwort auf Fragen über Fragen

glaubst alles hat doch keinen Sinn
sagt eine Stimme dir wirf dich doch hin

fühlst dich wie aus ´nem Flugzeug fallend
hörst dich selbst auf den Boden knallend

in diesen Momenten diesen schweren
will ich dir, mehr als Trost, Gewissheit bescheren
die ohne mein Zutun kommt aus höheren Sphären

wirf einen Blick auf mein Signum nun
und gib deinen Gedanken danach Zeit zu ruh´n

denn eines morgens als ich erwacht
wusst´ ich dies Kürzel ist dazu gedacht

in Englisch zwar kurz und prägnant
möchte ich´s dir geben an die Hand

egal was andre von dir denken
egal wie sie dein Leben lenken
egal ob sie dich irritieren
egal ob sie dich kritisieren
egal ob sie dich mit Füßen treten
egal ob sie zu Götzen beten
egal ob ihre Lügen lassen dich erbeben
-
You Are Right in diesem Leben!

Danke

für diesen

gemeinsamen Spaziergang

Von Udo Robert Riegger bisher erschienen:

Keine Angst vor großen Tieren - menschlich - 1
Nur auf den Humor ist noch Verlass
ISBN 978-3-7357-6133-1

Keine Angst vor großen Tieren - menschlich - 2
Nur auf den Humor ist noch Verlass
ISBN 978-3-7357-7513-9

Keine Angst vor großen Tieren - politisch - 1
Unsere absurde Politik-Wirklichkeit bekommt ein Gesicht
ISBN 978-3-7357-5752-4

Keine Angst vor großen Tieren - politisch - 2
Unsere absurde Politik-Wirklichkeit bekommt ein Gesicht
ISBN 978-3-7357-7499-6

Keine Angst vor großen Tieren - tierisch - 1
Tier im Mensch und umgekehrt
ISBN 978-3-7357-5843-9

Keine Angst vor großen Tieren - tierisch - 2
Tier im Mensch und umgekehrt
ISBN 978-3-7357-7497-2

Kaleidoskop Mensch 1
Aus dem Leben - Für das Leben
Wahr oder nicht wahr, entscheiden Sie selbst.
Kurzgeschichten.
Jede für sich eine Perle mit faszinierenden Überraschungen und spannenden Wendungen.
ISBN 978-3-7357-7508-5

Alle Erscheinungen auch als E-Book erhältlich.